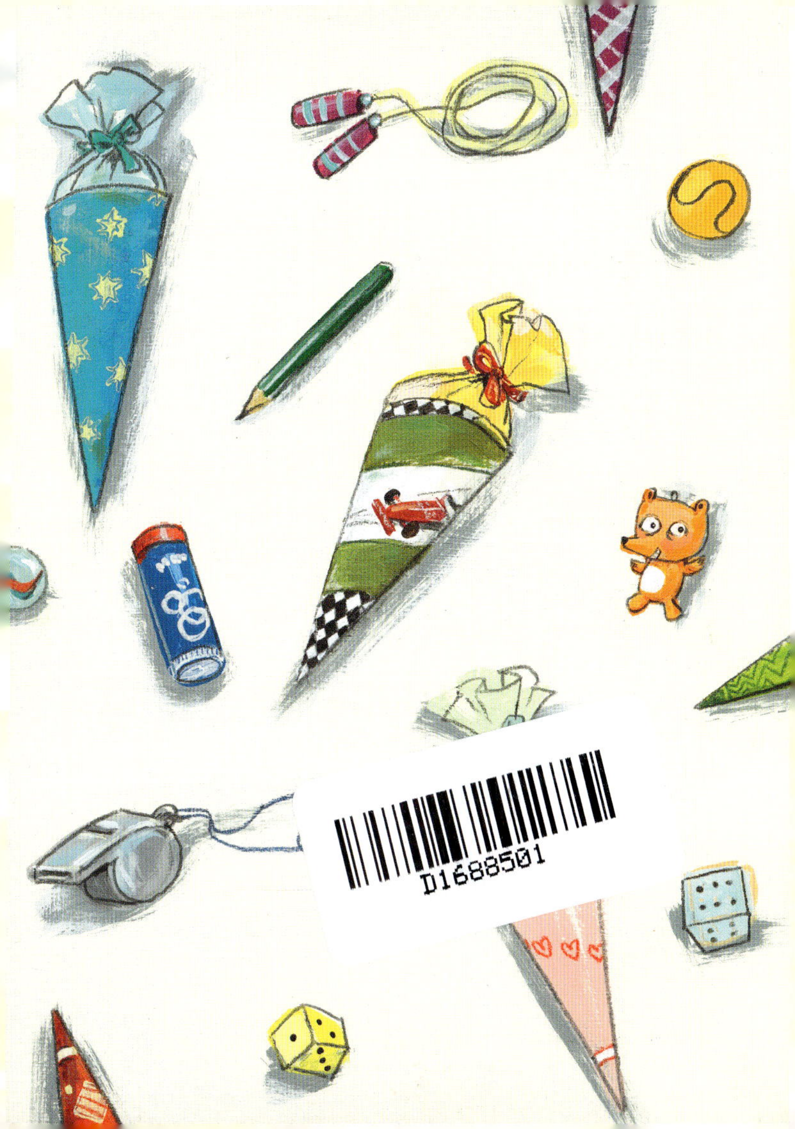

Jörg, Sabine und Drescher, Antje:
Der Ernst des Lebens
ISBN 978 3 522 45839 9

Text: Sabine Jörg
Illustrationen: Antje Drescher
Einbandtypografie: Doris Grüniger, Zürich
Innentypografie: Tanja Haaf
Reproduktion: weyhing_digital, Ostfildern
Druck und Bindung: Livonia Print, Riga
© der Originalausgabe 2015 Thienemann
in der Thienemann-Esslinger Verlag GmbH, Stuttgart
© dieser Sonderausgabe 2017 Thienemann
in der Thienemann-Esslinger Verlag GmbH, Stuttgart
Alle Rechte vorbehalten.

6. Auflage 2019

MIX
Papier aus verantwor-
tungsvollen Quellen
FSC® C002795
www.fsc.org

www.thienemann.de

Der Ernst des Lebens

Eine Geschichte von Sabine Jörg
Mit Bildern von Antje Drescher

Thienemann

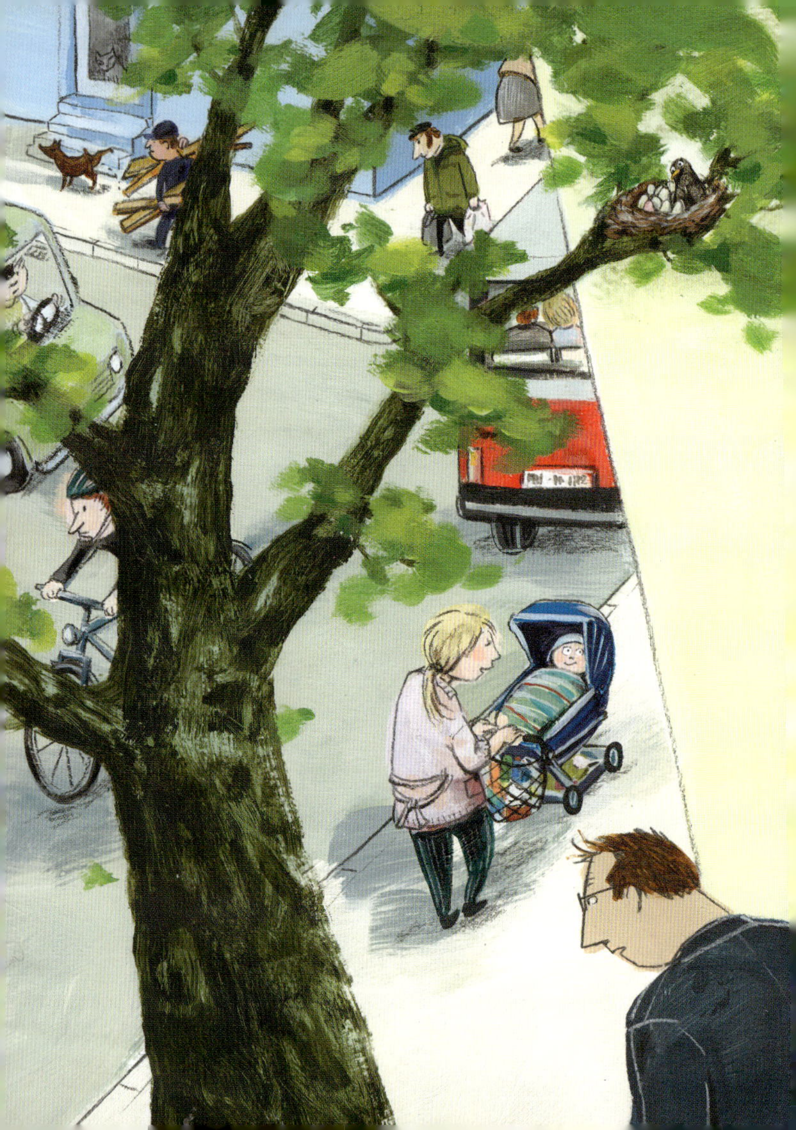

Mit sechs beginnt der Ernst des Lebens.
Das hatte Annette schon oft gehört.
Was dieser Ernst des Lebens eigentlich war,
wusste sie nicht. Aber Annette ahnte:
Es konnte nichts Schönes sein.

Neulich erst hatte Mama gesagt:
„Warte mal ab, bis du sechs bist und in die Schule kommst. Dann beginnt der Ernst des Lebens."

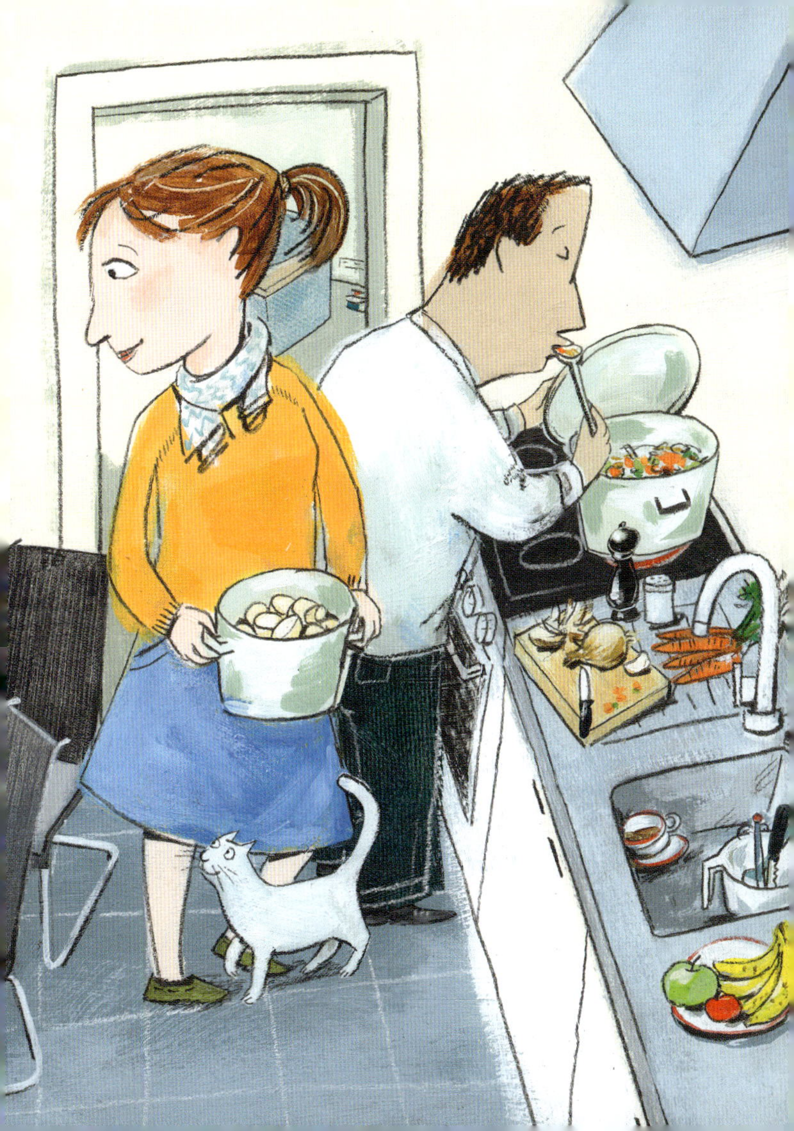

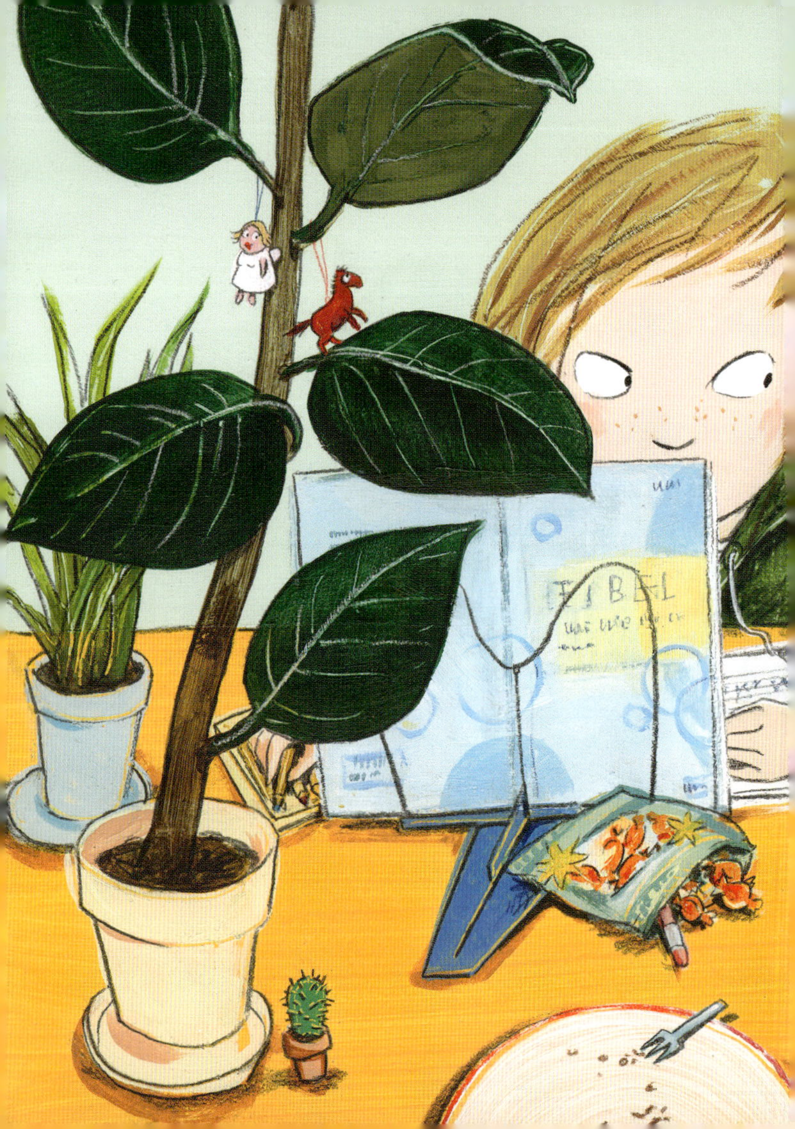
FIBEL

Sogar die große Schwester Bettina machte ihr Angst:
„Du wirst noch merken, wie gut du es in deinem
Baby-Kindergarten hattest."
Annette hasste das Wort „Baby-Kindergarten".
Schließlich war sie schon lange kein Baby mehr.

Annette sah ihrem sechsten Geburtstag mit gemischten Gefühlen entgegen. Sie saß da und überlegte, wie der Ernst des Lebens wohl aussäh: Vielleicht wie ein großer Felsbrocken?

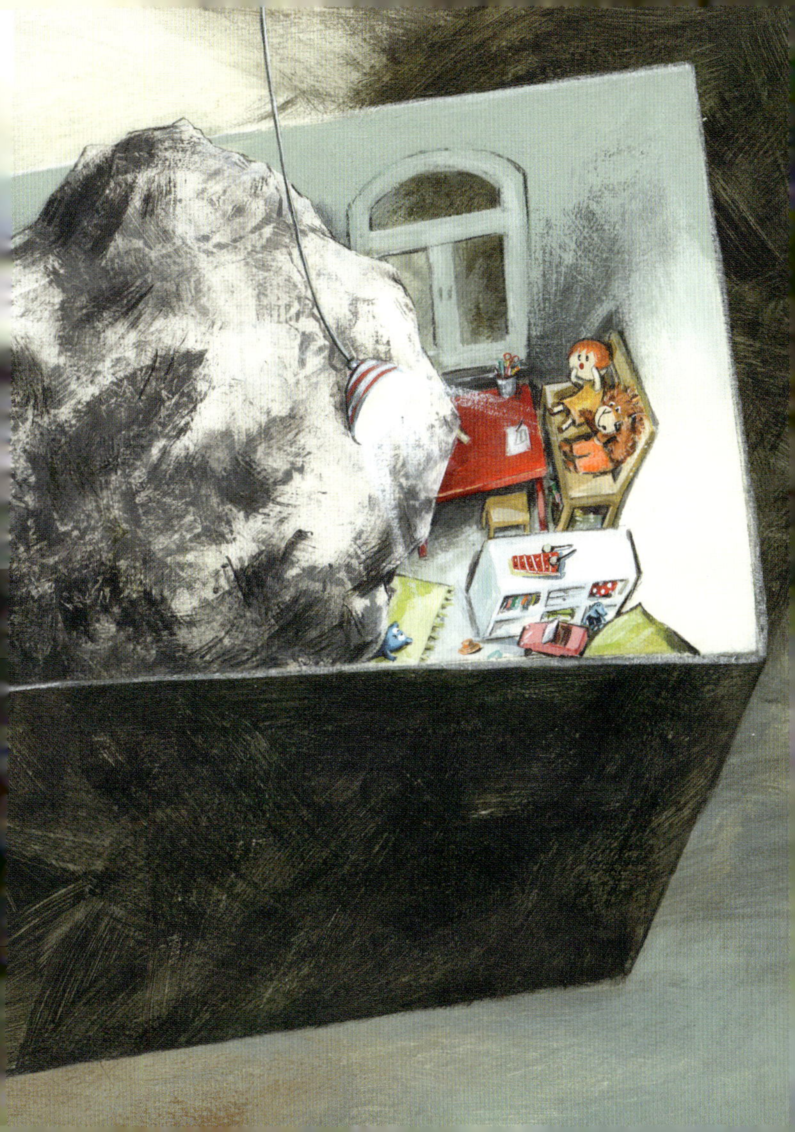

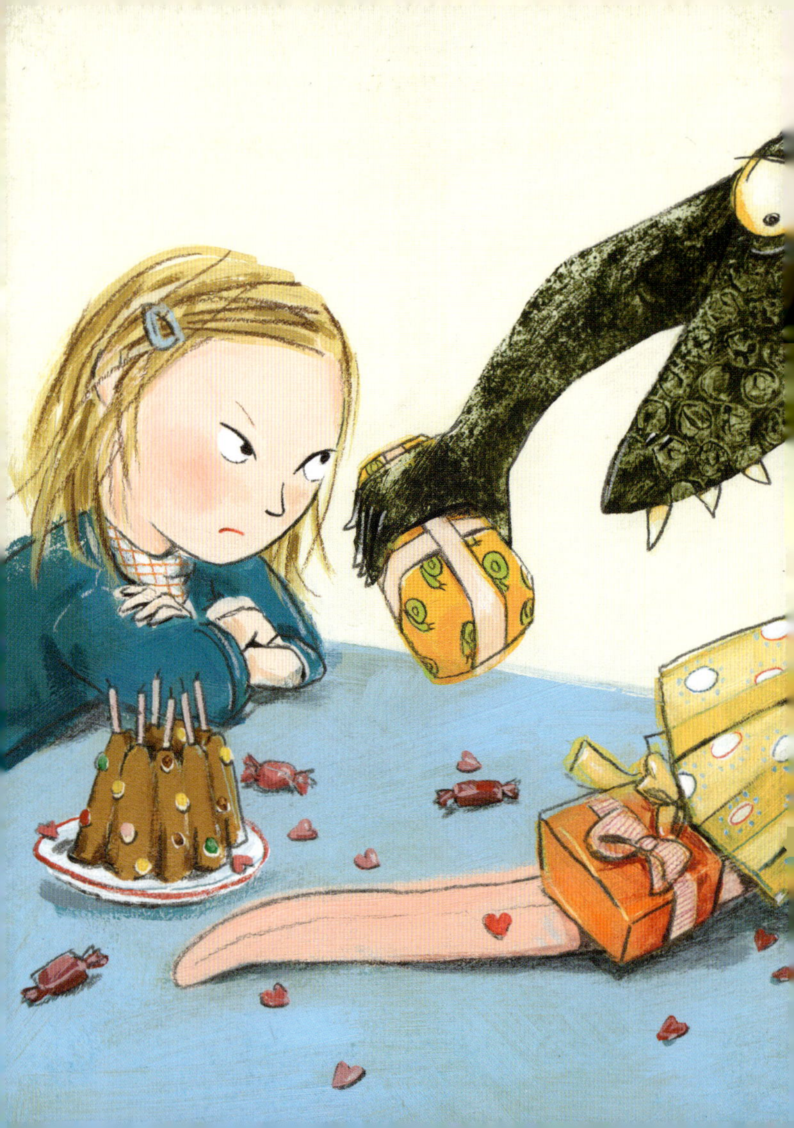

Ob der Ernst des Lebens wohl auf dem Geburtstagstisch hockte und die Geschenke verschlang?

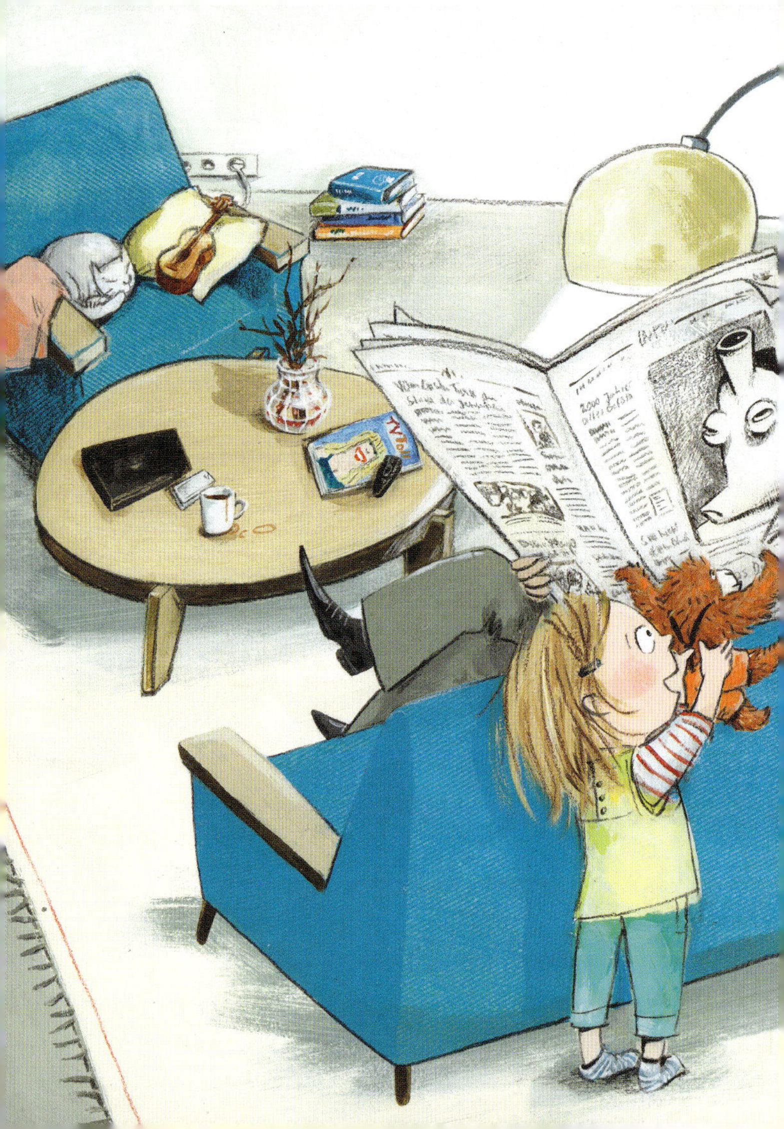

Oder versteckte sich der Ernst
des Lebens in der Zeitung und
machte die Menschen mürrisch?
Ja, so musste es sein!
Annette dachte daran, wie oft
Papa schimpfte: „Ich lese gerade
Zeitung. Siehst du das nicht?"
So war Papa sonst nie.
Da steckte bestimmt der Ernst
des Lebens dahinter.
Annette wollte ja lesen und
schreiben. Aber wenn sie
dabei den Ernst des Lebens
kennenlernen musste, würde
sie vielleicht doch lieber
verzichten …

Der sechste Geburtstag kam. Und es wurde ein schöner Geburtstag. Annette packte viele Geschenke aus. In keinem war der Ernst des Lebens eingewickelt.
Von Mama und Papa bekam Annette Rollschuhe und einen blauen Plüschelefanten. Bettina schenkte ihrer kleinen Schwester ein Buch. Sie sagte: „Bald kannst du das ganz allein lesen."
Der Geburtstag war so schön, dass Annette darüber fast den Ernst des Lebens vergaß.

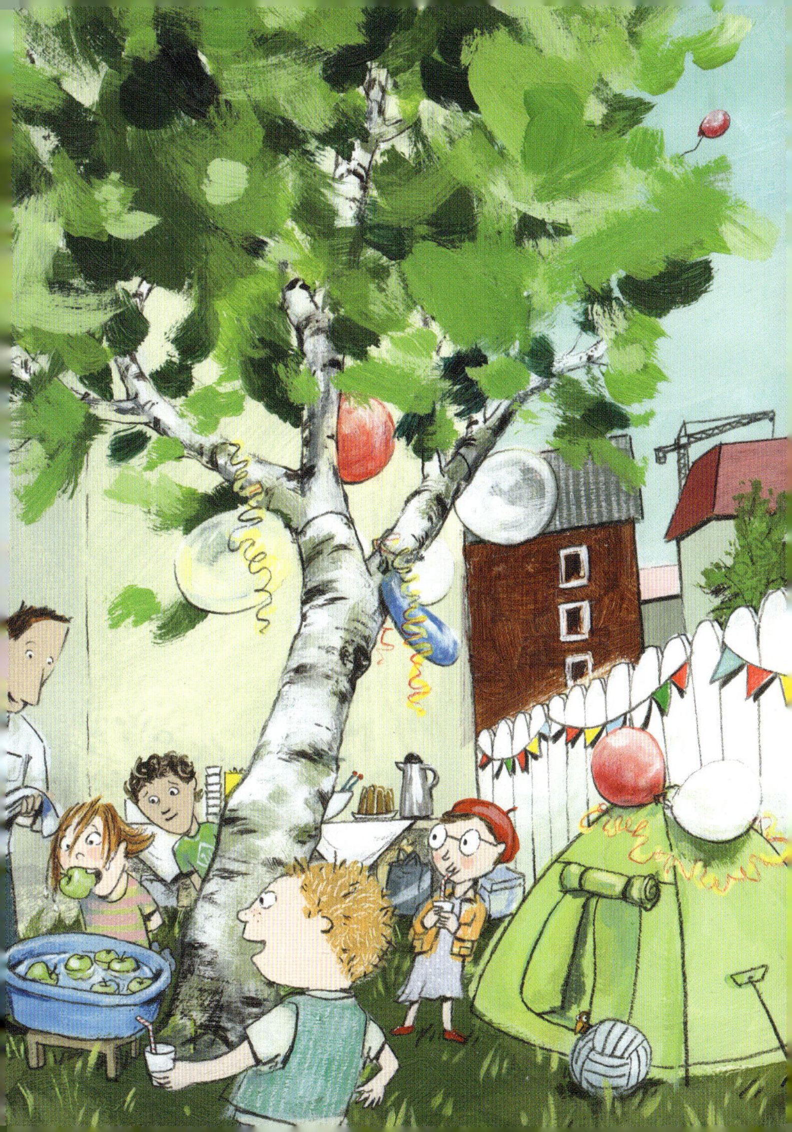

Aber dann sollte Annette ihn doch noch kennenlernen. Denn kurz nach ihrem Geburtstag kam sie in die Schule.

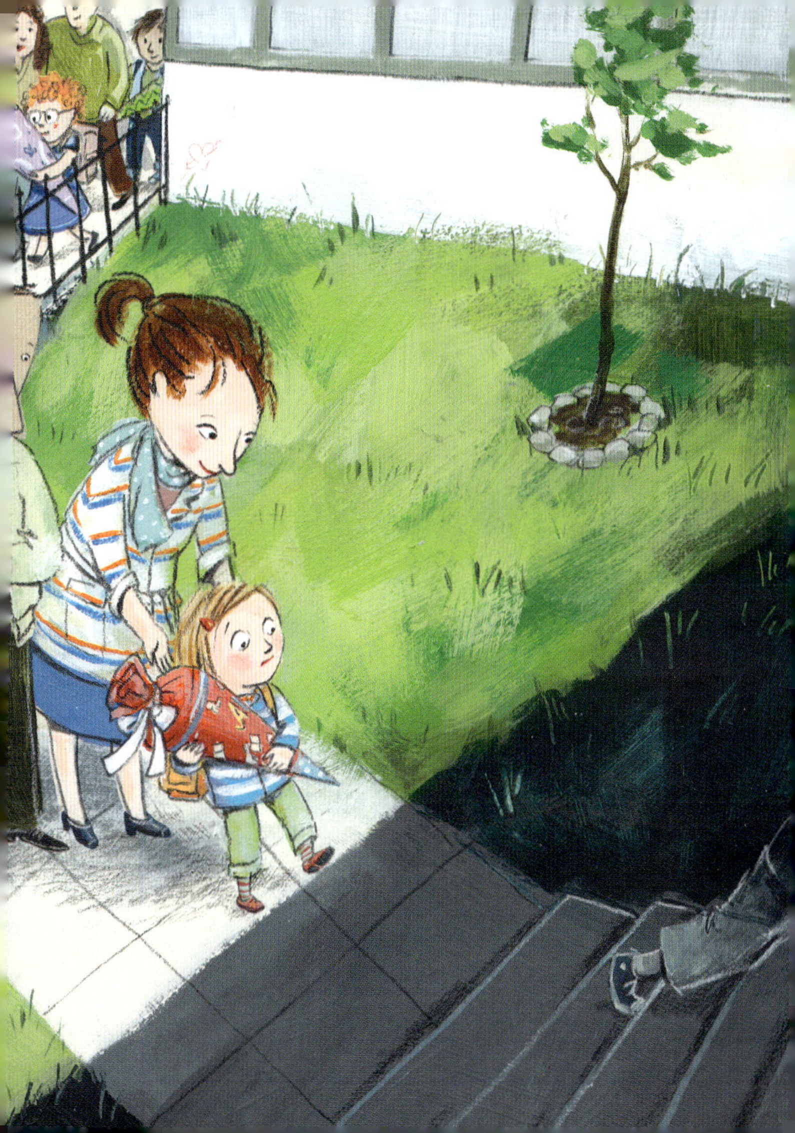

Sie malte und sie schrieb.

Sie sang …

... und sie rechnete.

Zwischendurch schwatzte sie mit dem Jungen, der neben ihr saß.

Er lieh Annette seine Buntstifte.
Er durfte bei Annette abschreiben.
Er brachte sogar Bonbons mit,
eine ganze Tüte voll für Annette.
Der Junge hieß Ernst.

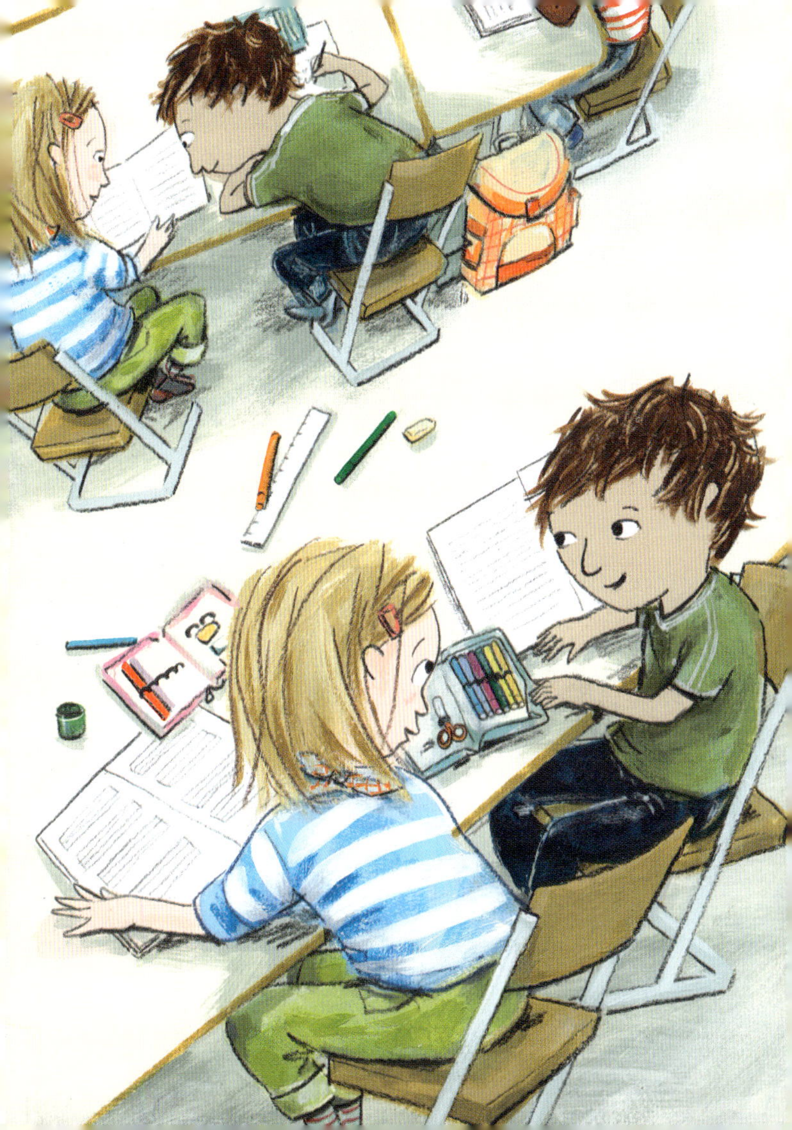

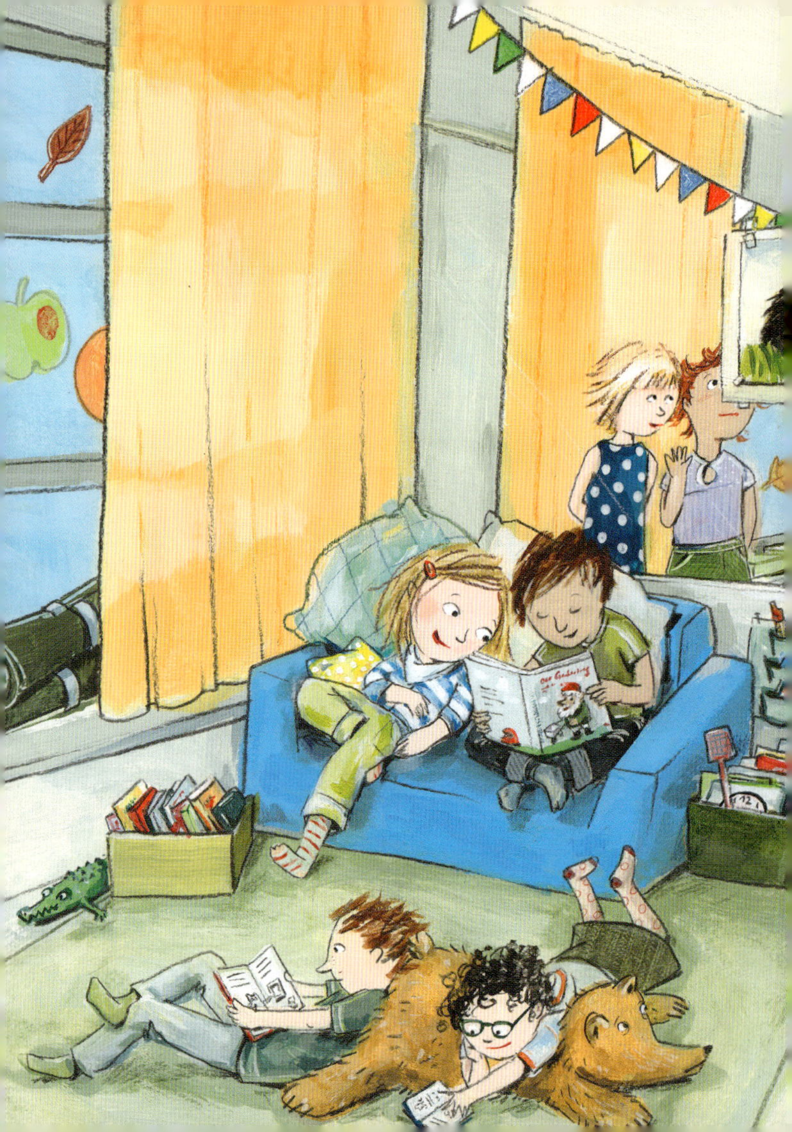

Annette war sehr froh. Nun hatte sie den Ernst ihres Lebens kennengelernt. Sie war erleichtert, dass der Ernst des Lebens so nett war. Und sie beschloss, sich von den Großen nie mehr Angst machen zu lassen.

Als Annette ihren Freund zum Spielen
einlud, erzählte sie zu Hause:
„Heute kommt der Ernst des Lebens zu mir.
Seid bitte freundlich zu ihm!"

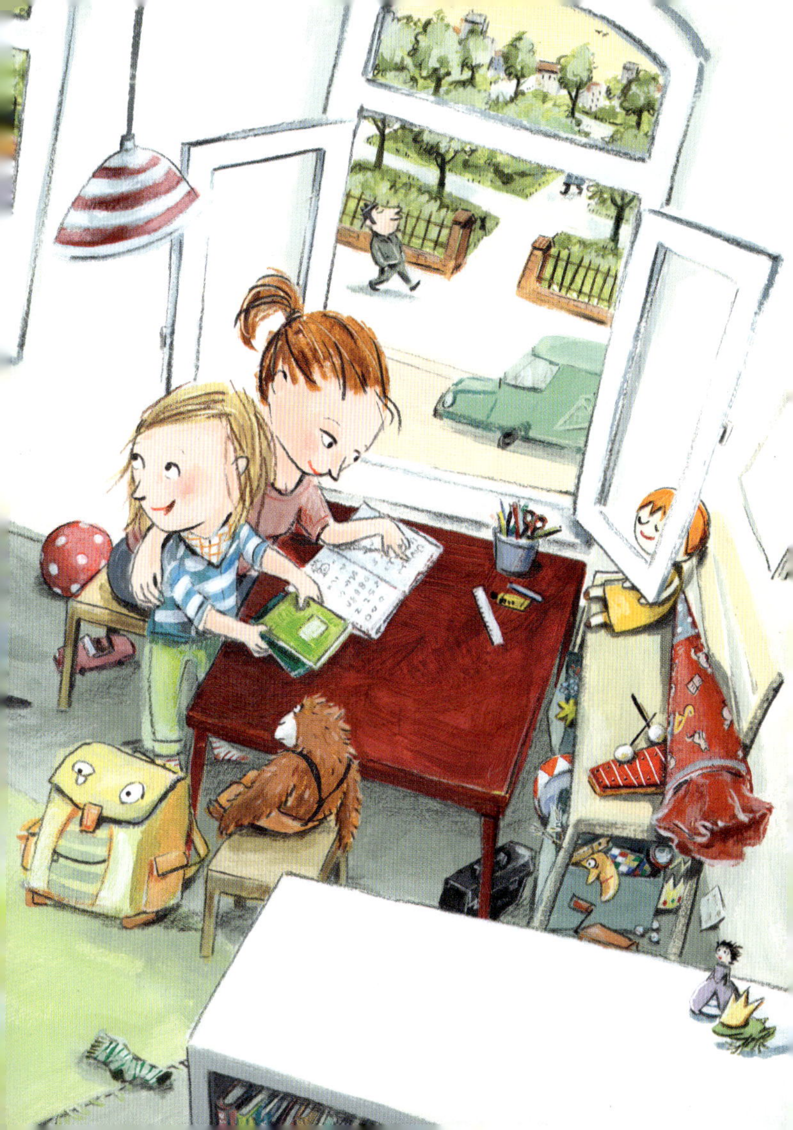

Supi
FÄRB
Der Bär &
ER